Liebe ist Hoffnung

Von Frank Kralemann

Buchbeschreibung:

In diesem Buch "Liebe ist Hoffnung" sind viele Gedichte gesammelt, die in den letzten Jahren geschrieben habe. Es geht nicht nur um Liebe, sondern auch um das Leben. Es ist eine Ergänzung zu meinem letzten Werk "Wege". Ich hoffe, das ihnen diese Gedichte Freude bereiten.

Über den Autor:

Frank Kralemann hat schon viele Bücher geschrieben und veröffentlicht. Erstes Buch in 2oo6. Zuletzt hat er einige Gedichtbände herausgebracht. Frank Kralemann ist mehrfacher Vater und wohnt in der Nähe von Bielefeld.

Liebe ist Hoffnung

Gedichte für das Herz

von Frank Kralemann

1. Auflage, 2021

© 2021 Frank Kralemann

Alle Rechte vorbehalten.

Herstellung und Verlag:

BoD - Books on Demand,

Norderstedt

ISBN: 9783755737995

Allein sein
Zwei sein
Eins sein
Sein

Mein Herz

Wie sich das Meer

Im Sturm in der Brandung bricht

So ist meine Liebe zu dir

Stürmisch und stark

Das Meer kann auch leise sein

Es ist immer da

So ist meine Liebe zu dir

Ewig

So wie ich meine Liebe zu dir

In meinem Herzen trage

Und einen Kuss auf den Lippen

Der auf Dich wartet

Hinter den Worten ist das nichts
Einsamkeit hat keine Worte
Du spürst die Zeit in der das Leiden
wächst
Während draußen das Leben passiert
heißt es für dich warten
Du wirst bald die Schwester der Lange-
weile kennen lernen
Die Ungeduld, diese wird dich retten

Warum sorgt man sich

Weil man denkt, man schafft die Zukunft

nicht

Kein Mensch ist an der Zukunft gestorben

Schon an den Sorgen

Zwei Augen deine Schönheit zu sehen
Zwei Ohren, um deine Worte zu hören
Zwei Hände, um dich zu fühlen
Ein Mund, der dich küssen muß
Ein Herz, das voll von dir ist

Gefühle kann man nicht einfrieren

Wenn ich traurig bin, dann jetzt

Wenn ich mich nach dir sehne, dann jetzt

Wenn ich dich will, jetzt

Du sagst, es ist besser am Samstag

Das ist mir egal

Ich kann meine Gefühle nicht bis Samstag

einfrieren

Leben ist immer jetzt

Weil du das nicht verstehst, bin ich traurig

Zweifel nie an der Liebe

Liebe ist

Entweder Du liebst, dann ist es Liebe

Es gibt nicht 500 g Liebe

Zweifelst Du trotzdem, so stirbt die Liebe

Aber auch ein Teil von dir

Ich habe einen Traum

Das Du bei mir bist

Das es sich anfühlt, als wenn du immer bei

mir bist

So normal wie Sommerregen

Das Du bleibst

Für immer

Wenn ich an dich denke

Erscheint ein großes Herz

Ein warmes Gefühl umarmt mich

Gleichzeitig wird mir bewusst

Wie sehr du mir fehlst

Es wird Zeit für ein wiedersehen

Diese Liebe will erfüllt werden

Einen perfekten Tag kann man wiederholen

Einen Tag voller Liebe nicht

Weil Liebe immer anders ist

In dieser Zeit

Der Dunkelheit, Kälte, Trennung Ist Liebe

Medizin

Licht, Wärme und Verbindung

Die Verbindung mit dem Absolutem

Liebe ist Wahrheit

Hoffnung ist Bedingung

Vorfreude lässt Sie uns schmecken

Mut bringt die Entscheidung

Vollkommen ist die Liebe, wenn Sie ein Ja

Bekommt

Liebe ist Vereinigung
Liebe ist Hoffnung
Liebe ist Verschwendung
Liebe ist Verbindung
Zum Leben, zur Welt, zu Dir
Zu lieben bedeutet
Radikal zum Leben ja sagen
Mit Allem was ist

Sehnsucht

Eine Hand, die eine Andere halten möchte

Ein Arm der im Dunkeln eine Schulter

sucht

Nachts wach werden und nicht wissen

Warum

Fragen, die keine Antwort bekommen

Ein Herz, das langsam schlägt

Doch tanzen möchte

Sehnsucht

Ein Wort, das viele ist

Fragst du, was Liebe ist

So weiß ich es nicht

Wie Liebe schmeckt

Wie Sehnsucht brennt

Wie das Herz, schneller schlägt

Wenn du nahe bist

Dann kann ich dir sagen

Was Liebe ist

Liebe ist Alles

Der Tag wird kommen

Der aus seinem Ende

Die Nacht für uns bereitet

Unsere Nacht

Die uns umhüllt

Die Liebenden

Zwei Körper

Eine Lust

Schattenspiele

Voll von Liebe

Schlaf nicht soviel

Einmal wirst du nicht mehr aufwachen

Mach es jetzt, wo du noch stark bist

Bald hast du keine Kraft

Auf was willst du warten

Auf morgen

Einmal gibt es kein Morgen

Was soll dir passieren

Wenn doch der Tod unser Ende ist

Dein ich hat zwei Grenzen

Die Angst und die Faulheit

Ein Verfallsdatum

Sei Mutig

Leb deine Träume

Tanzen, lieben, singen, saufen,Leben eben

Zweifel nicht

Mein wildes, altes Herz
Möchte wieder tanzen, jagen
Leidenschaftlich schneller schlagen
Küssen, lieben, fühlen
Seine Feuer kühlen
Stattdessen sitzt es fest
Umhüllt von gelben Fett
Zittert ohne Mut
Zerfressen von stiller ‚Wut
Fühlt einen großen Schmerz
Mein müdes altes Herz

Wenn du bei mir bist
Dicht
Ich Dich fühle
Eva
Die Göttin in dir
Ewig Weib
Dann kommt etwas hoch in mir
Was schon immer da war
Vor mir und nach mir
Verlangen
Den Unterschied leben
Es ist fremd und vertraut
Eine Kraft
Stärker als der Tod

Guten Morgen

Weil du in meinem Leben bist

Habe ich nur noch Sonnentage

Voller Freude und Vorfreude

Deine Schönheit,

Das Gefühl von Vertrautheit

Wenn Du in meinen Armen bist

Verlangen und küssen

Komm zu mir

Tage ohne Dich sind Novembertage

Kalt und dunkel

Die Liebe ist da
Sie wird sich dir offenbaren
Wenn du bereit bist
Nicht wenn du suchst
Liebe mag keine Bedürftigkeit
Liebe braucht Mut
Das Herz offen halten
Sei bereit, geh voran
Die Liebe wird dich berühren
Du musst Sie festhalten
Sonst geht Sie vorbei
Unerkannt und traurig

Sie war dort, ich war hier

Zusammen waren Wir

Jetzt ist sie fort aus meinem Leben

Das wir ist gestorben

Zwei Ich wieder geboren

Zwei Zuckerstückchen
Wollten sich lieben
Sind in ein Glas Wasser gestiegen
Jetzt sind sie eins
Süß

Mit jedem Tag

Verlässt uns die Kraft

Ein bisschen

Nicht so viel das wir es merken

Ein Spiegel zeigt den Verlust

Radikal

Der Verfall ist nicht zu stoppen

Es gibt nur eins

Sein Leben auskosten

In der Tiefe traurig sein

Die Höhe genießen

Sich riskieren

Du kannst nicht mehr verlieren

Als du eh geben musst

Lebe und liebe radikal

Das Ende der Sehnsucht

Ist das Ankommen

Empfangen werden

Innehalten

Den Ursprung der Sehnsucht

Die Polarität

In der Vereinigung leben

Da bist du, dicht

Ich fühle Dich, bevor ich Dich berühre

Ich erfasse dich mit allen Sinnen

Bin voll von Dir

Ich spüre die Erregung

Das Dich wollen

Nehmen und genommen werden

Kontroll Verlust

Es gibt nichts zu sagen

Lust braucht keine Worte

Küssen jetzt küssen

Die Zeit verschwindet

Das Denken, weg

Nur küssen

Halten

Versinken, verschmelzen

Weiter und weiter

Schneller, tiefer, härter

Keine Rose gleicht der anderen
Und doch ist jede perfekt
Schönheit ist einzig
Wie auch Du
Rose meines Herzens
Wunderschön und einzigartig
Eine Göttin

Einsamkeit hat einen Geschmack

Sie schmeckt nach Dosensuppe

Einsamkeit hat ein Geräusch

Man hört viele Nebengeräusche

Autos, Nachbarn

Weil man selbst still ist

Die Farbe von Einsamkeit

Ist grau

Mit der Zeit wird alles farbloser

Auch die Seele

Auch deine Seele

Was wirklich zählt
Du bist da
Mir ganz nah
Ich kann dich halten
Leben gestalten
Was nützen Liebesschwüre
Wenn ich dich nicht spüre

Das du sein kannst

So wie du bist, bist du richtig

Zweifel nie an dir

Du bist einzigartig und perfekt

Das ist deine wahre Natur

Schön, sexy und schlau

Das bist du

Nicht weil ich es sage

Sondern weil es die Wahrheit ist

Die Welt ist weit
So weit wie deine Seele
Wir sind die Welt
Die keinen Anfang
und kein Ende hat
Weil wir mit ihr sind
Mit uns ist alles
Als Geschenk
Der einen Welt

Geweckt vom Duft frischen Kaffees
Öffnen sich langsam meine Augen
Neben einer hübschen Frau aufzuwachen
Meiner Frau
Ist toll
Dann sie zu küssen
Wundervoll
Gott macht schöne Geschenke

Trotzdem
Du sagst, Liebe ist nicht realistisch
Trotzdem liebe ich
Du hast die Hoffnung aufgegeben
Trotzdem hoffe ich für dich
Du hast der Liebe entsagt, aus Erfahrung
Trotzdem weiß ich, dass Liebe da ist
Du sagst, was ich schreibe ist bullshit
Trotzdem schreibe ich dir
Trotzdem

Dein Herz ist leicht

Wenn wir gemeinsam lachen

Dein Herz sagt ja

Wenn ich deine Hand halte

Dein Herz ist weit

Wenn wir gemeinsam gehen

Dein Herz ist mein Herz

Und umgekehrt

Der Sommer nicht recht geboren

Geht gleich an den Herbst verloren

Herbst, Zeit vorzusorgen

Für lange Nächte

Nicht allein

Mit Kerzenschein und rotem Wein

Unter warmen Decken wohl geborgen

Mit Dir, gemeinsam sein

Du Blume meiner Liebe

Ich möchte dich immer nehmen

Mal wie der Ackermann

Der im Frühling den feuchten Boden bricht

Um den Samen in die offene Furche zu

legen

Mal wie der Gärtner

Der eine Rose pflanzt

Dafür den Boden vorbereitet

Lockert und düngt

Damit die Rose gelingt

Es gibt etwas, das ist größer als Du
Es hat dir dein Leben gegeben
Es wird es dir wieder nehmen
Allem Leben geht es so
Darum sei hier und jetzt froh

Traurig

Du bist fort

Mein Bett ein leerer Ort

Wie mein Herz

Es gibt diesen Schmerz

Vorfreude wechselt mit Abschied

Immer wieder

Ich mag deine Nähe

Du fehlst

Menschen wollen festhalten

Dinge, Menschen, Gefühle

Dabei ist loslassen Medizin

Zuletzt müssen wir unser Leben lassen

Leichtes Gepäck erleichtert die Reise

Jeder Tag trägt einen Zauber in sich

Er kann eine Möglichkeit

Ein Geheimnis

Eine Hoffnung

Ein Schrecken sein

Du kannst ihn entdecken

Gestalten

Feiern

Alle diese Tage sind dein Leben

Die nackte Wahrheit
Ist nackt
Weil die Lüge
Sich verkleidet hat
Die schlimmste Lüge
Ist eine verkleidete Lüge
An der noch etwas Wahres ist